# घबराये हुए शब्द

[कविता-संग्रह]

# घबराये हुए शब्द

लीलाधर जगूड़ी

राजकमल प्रकाशन

ISBN : 978-81-267-1790-3

**मूल्य** : ₹ 395



**पहला संस्करण** : 1981
**चौथा संस्करण** : 2009
**पहली आवृत्ति** : 2024

**प्रकाशक** : राजकमल प्रकाशन प्रा.लि.
1-बी, नेताजी सुभाष मार्ग, दरियागंज
नई दिल्ली-110 002

**शाखाएँ** : अशोक राजपथ, साइंस कॉलेज के सामने, पटना-800 006
पहली मंजिल, दरबारी बिल्डिंग, महात्मा गांधी मार्ग, प्रयागराज-211 001
1, अनमोल सोराबजी संतुक लेन, धोबी तलाव, मरीन लाइंस, मुम्बई-400 002
वेबसाइट : www.rajkamalprakashan.com
ई-मेल : info@rajkamalprakashan.com

**मुद्रक** : राजकमल प्रकाशन प्रा. लि.
नई दिल्ली-110 002

GHABARAYE HUE SHABDA
*Poems by* Liladhar Jagudi

# जीवन की कम-से-कम भाषा

अनुभव में तात्कालिक, स्वभाव में तत्त्वदर्शी, शैली से सभी विधाओं का प्रतिनिधित्व करनेवाली, कथ्य में सबकी आवाज़ लिये हुए, विन्यास में सर्वाधिक नाटकीय और असर में एकदम धर्म-सरीखी मैं हर बार एक कविता लिखना चाहता हूँ, क्योंकि कविता ही है जो हर युग में अपना धर्म सबसे पहले पहचान लेती है।

उन खेतों की फसल भी मेरे लिए अब कविता ही है जिन पर मकान बन गये हैं मगर जिनमें वे नहीं रह सकते जिनके पास मकान नहीं हैं। उन पेड़ों का वसंत भी मेरे लिए कविता के ही मार्फ़त आएगा जो खिड़की-दरवाज़ों, रेल के डिब्बों और बस की बॉडी बनाने के काम आ गए। जहाँ अब प्लास्टिक के सामान की दुकानें खुल गयी हैं वहाँ जो बागीचा था उसके फूल व फल भी अब मेरे लिए अपनी कविता में ही महकेंगे, पकेंगे; जिन्हें सब ओर पीठ किये हुए वे लोग सूँघते व देखते हैं जिनकी न कब्रें हैं और न चिताएँ। मरने से पहले न जिनके घर हैं, न देश। अपने आमरण जन्म में जिन्होंने अपने लिए अपने जीवन की कम-से-कम भाषा में ही तलाश ली।

उन्हीं की कमायी हुई वह कम-से-कम भाषा ही मेरे पास है और उसी से मुझे अधिक-से-अधिक बात कहनी है।

**—लीलाधर जगूड़ी**

# अनुक्रम

# घबराये हुए शब्द

## हद

क़सम खाये बिना
जहाँ किसी बात को सच न माना जाय
और उसके बाद भी
सच्चाई संदिग्ध हो

जहाँ कानून को भी यक़ीन न हो
और अपराधी को भी
वहाँ घबराना स्वाभाविक है
तब तो और भी ज़्यादा
जब कोई हद हो
जैसे कि—मौत।

# गुमशुदा की तलाश

हो सकता है सुबह की ट्रेन से
वह आपके शहर में आया हो!

आँखें देसी
रंग गेहुआँ
गाँव की गाढ़ी रात जैसे बाल
एकदम मुलायम और छपरैले

वज़न?
बढ़ता हुआ
क़द?
निकलता हुआ
नाम?
बस एक—शब्द
सही-सही और असली
पानेवाले को इनाम

हो सकता है सुबह की ट्रेन से
वह आपके शहर में आया हो!
इरादा?
—वही कि दुनिया देखनी है

दुनिया
जिसका कि बहुत ज़्यादा मतलब है
पर उसका कोई वाक्य लेकर
जो किसी भी पंक्ति में शामिल नहीं है
उसके बिना अथाह अँधेरा
मरणासन्न लेटा है
आत्मा में
भाषा को फिर भी उम्मीद है

हो सकता है आप से मिलते ही
भौंचक आदमी के चेहरे से
वह मिलता-जुलता हो जाय
हो सकता है डपटकर मिलनेवाले शब्द से
वह घबराया हुआ शब्द हो जाय

सुबह की ट्रेन से हो सकता है
वह आपके शहर में आया हो
खोजते हुए कृपया यह सावधानी बरतें
—वह इतना न डरे कि गूँगा हो जाय।

(सूचना अलग से देने की ज़रूरत नहीं
ज्योंही वह मिलेगा
भाषा में खुद-व-खुद घंटी बज उठेगी)।

# बच्चा और राजनीति

धरती के भीतर चींटियों को सुनाई पड़ता था
कि जंगल के बीचोबीच
हर नये डंठल पर काम हो रहा है
परसों-नरसों तक खिलनेवाले फूलों की
अगाध आँखें बन रही हैं

लेकिन आकाश का कान घर के भीतर
सटा हुआ था
जहाँ सोये हुए बच्चे की
नियमित साँसों का आना-जाना सुनाई पड़ता था

आकाश के लिए सुनने की क्या कमी
जो शोर और संगीत और चीत्कार से
पहले ही भरा हुआ है
जैसे कोई सुन्दर खिलौना भूसे से

पर उसे बच्चों से आदिकालीन प्यार है
जिनकी लोगों को फोकट में भी ज़रूरत नहीं है

आकाश के सान्निध्य में सोते हुए बच्चे के
निर्विघ्न चेहरे पर
अनेक रहस्यों के पड़ाव हैं

पुराने जूते और मोजे पहनकर
सारा घर
उस बच्चे को अपनी एक-एक चीज़ से देख रहा है
और उसके साथ हर क्षण करवट बदल रहा है
अगर हम समझ सकें
तो पुराना घर बहुत-सी बातें जानता है

तभी अचानक बबलू चीख़ा, घबराया हुआ जगा
लगा कि लड़कर लौटा है
इस तरह टूटा सपना

माँ ने छुआ—क्या हुआ?

—मैं था, बबली थी, पप्पू था, टिक्कू थी
गुड्डू और पप्पी भी हमारे साथ थे
तुम कहाँ थीं मम्मी? कहाँ चले गये थे पापा?

मम्मी! क्या देखते हैं कि इधर के पुलिसवाले
शहर में झाड़ू लगा रहे थे
और उधर के पुलिसवाले बच्चों को
पकड़-पकड़ नहला रहे थे

—अच्छा?

—अच्छा नहीं मम्मी, मैं नहाऊँगा नहीं
मैं सारा भीग गया हूँ मम्मी! मुझे पोंछ दो

मम्मी ने पोंछा और उसकी पैंट बदल दी
—डरते नहीं बेटा! सपने तो आते ही रहते हैं

—आपको भी मम्मी?

—मम्मी के तो कभी पूरे ही नहीं होंगे बेटा!
पापा ने बबलू का सिर सहलाया

—पापा! हथकड़ियाँ ढोनेवाले हाथों से
वे हमारे हाथ सहला रहे थे
और गनगनाती तोपों से हमें बहला रहे थे

—बाप रे! माँ ने कहा—वे बच्चों को इतना प्यार कर रहे थे?
पिता ने कहा—नहीं

माँ ने कहा—तुम बच्चे के सपने के बीच में मत बोलो
सब मर्द पुलिस होते हैं
सपने से नहीं, बच्चा दिन से डरा हुआ है
और यह सब तुम्हारी वजह से है
जब दाढ़ी बनाते हो, बच्चा सीढ़ी की ओर चला जाता है
किताब पढ़ते हो, बच्चा आग की ओर चला जाता है

पिता ने कहा—बच्चे को सीढ़ी के पास छोड़ो या न छोड़ो
वह कहीं से भी ख़तरे तक पहुँच सकता है...
फिर ज़िन्दगी तो ख़ुद एक सीढ़ी है
जिसे जहाँ से भी चढ़ो ख़तरे तक पहुँचा देती है
असल ख़तरा तो सपने का है
और बच्चे को भी वे शुरू हो गये हैं....
भले ही तुम नाराज़ हो जाओ
पर इस सपने का कोई दूसरा मतलब है
हर सपने का कोई दूसरा मतलब होता है....

माँ ने कहा–हर जगह तुम दूसरी और तीसरी और चौथी
बातें मत ढूँढ़ा करो
बस एक ही बात सही होती है और वह भी पहली बात...

–पहली झूठ हो तब भी? पिता ने कहा–
सपने का कुछ दूसरा मतलब है
जो कभी प्यार नहीं करते
वे अगर प्यार करते हैं
तो बच्चे डरते हैं

–क्या कुछ लोग ऐसे भी हैं, माँ ने पूछा–
जो सपने में भी प्यार नहीं करते?

–हाँ, पिता ने कहा–जो कभी प्यार नहीं करते
वे अगर कभी सपने में प्यार करते हैं
बच्चे तो बच्चे, ऐसे में फ़रिश्ते भी डरते हैं
वे सपने में किसी दूसरे की ओर से प्यार कर रहे थे
वे सपने में बच्चों को प्यार करके बहला नहीं रहे थे
दहला रहे थे।

(इस तरह सन् 1979 में भी बच्चों को
बड़े ख़राब सपने आ रहे थे
जो उनके बचपन में एक नया डर फैला रहे थे।)

# हैसियत

उसने तीन-चार प्यारे-प्यारे नामों से
मौत को पुकारा
मगर मौत नहीं आयी

उसके बाद अचानक मौत ने
ज़िन्दगी को
तीन-चार प्यारे-प्यारे नामों से पुकारा
बस इतने में वहाँ
हज़ारों लाशें बिछ चुकी थीं।

# तो

जब उसने कहा
कि अब सोना नहीं मिलेगा
तो मुझे कोई फ़र्क नहीं पड़ा
पर अगर वह कहता
कि अब नमक नहीं मिलेगा
तो शायद मैं रो पड़ता।

# आश्वासन

हे ईश्वर!
कुछ दिन आदमी के, बाक़ी सब दिन तेरे

यह सिखाया गया था मुझे
कि हृदय है तेरा घर

पर इसमें क्यों भरे हुए हैं
इतने सारे डर?
कि कोई भी मेरी जान निकाल सकता है

हे ईश्वर! तू चिन्ता न कर
तू तो रहेगा ही रहेगा
क्योंकि मेरे डर तुझको बनाये रहेंगे अमर।

# पुनः प्रवेश

सड़क पर उनकी बातचीत में जो हाँ और ना थे
उनके बीच से
एक औरत होती जाती लड़की
अपने फटे हुए पैर लेकर
उस किसी एक शब्द के साथ कहीं जाना चाहती है
जो किसी ने उसके मुँह से नहीं सुना

और जाना चाहते ही कहीं पहुँचना भी चाहती है

कहीं!
जहाँ यह भुलाया जा सके
कि अपनी आत्मा से जुड़े फटे पुराने पैर
वह रातभर गरमा नहीं सकी
जिनके गरम होते ही पहले नींद आती थी

अपने चलने से
उनकी चकनाचूर आवाज़
दिन-भर की आवाज़ों में से कभी भी लौट आती है

दुनिया में कोई अपनी दुनिया न पाकर
जो लगभग औरत होते ही बुढ़ा जाएगी
वह मौसम का एक अदृश्य धागा रच रही है

अपनी फटी एड़ियाँ सीने के लिए
क्योंकि वह इनसे पहचानी जाएगी

ज़िन्दगी और मौत के बीच
फटे हुए पैर के बारे में
है कोई इतना बड़ा प्रस्ताव
जितना कि जूता होता है?
चप्पल के बराबर ही सही

पैरों की ठंड आत्मा की ओर जा रही है
सूर्य की अध्यक्षता में
घूमती हुई पृथ्वी पर, अपने ही पैरों चलकर
शायद मौत आ रही है
हज़ारों हज़ार साल से उस टूटते हुए पुल को
पार करती
जिस पर अपने गुज़रने से
ख़तरे का चिह्न बनाती है हर शताब्दी
जिस पर हमारी खाल छूट जाती है

मगर वह उसे पार करना चाहती है
उस किसी एक शब्द के साथ
(जो किसी ने उसके मुँह से नहीं सुना)
कोई दूसरा शब्द जोड़कर।

# पेड़ की आज़ादी

उस दिन पेड़ को स्वतन्त्रता दी जानी थी
उससे पूछा गया
तुम पत्ते चाहते हो या फूल या सीधे फल?
तना चाहते हो या टहनियाँ या सिर्फ़ जड़ें
या तुम केवल ज़मीन चाहते हो?

पेड़ ने कहा—पत्ते न हों
तो बोझ कुछ कम हो
फूल न हों तो यह भी आफत मिटे
न हों फल तो कई तरह से
मेरी जान बच जाय
तना न हो तो काटा न जाऊँ
टहनियाँ न हों तो झुकना न पड़े
रही ज़मीन की जरूरत?
वह मुझे नहीं बीज को पड़ती है
और अगर इन सबकी जड़ ही मिट जाय
तो कितना अच्छा हो

जब तुम्हें कुछ नहीं चाहिए
तो फिर तुम पेड़ कैसे हो सकते हो
हम तुम्हें एक आज़ाद पेड़ बनाना चाहते हैं
बने रहने के लिए तुम्हें

अपने में से कुछ तो चुनना ही पड़ेगा?

आप मुझे कुछ दे रहे हैं
या मुझसे कुछ ले रहे हैं—पेड़ ने कहा
या मैं बिल्कुल नहीं जानता
फिर भी अगर आप वैसा कर दें
तो फिर मैं हर तरफ़ से एक आज़ाद पेड़ हो जाऊँगा

तब मैं हमेशा उन अमर चीज़ों में रहूँगा
जो कभी पैदा नहीं होतीं
तब मेरा कुछ नहीं बिगड़ेगा
कम-से-कम मैं मौसमों का मोहताज़ तो नहीं रहूँगा

तब मुझसे फल और पत्ते नहीं झड़ेंगे
बल्कि दुनिया की और जो उसकी नहीं हैं
वे सारी समृद्धियाँ झड़ेंगी
तब मुझसे मेरी टहनियाँ नहीं
तमाम जन्मों की इच्छाएँ लड़ेंगी
तूफ़ान नहीं टकराएँगे
आकर
अतृप्तियाँ फलेंगी

जो कुछ आप मुझे देते हो
पेड़ ने कहा—विकल्प में देते हो
वे सारे विकल्प जो मुझ में मौजूद हैं

कुछ देकर आप कुछ नहीं देते हो
जो देते हो वह अभाव और जो नहीं देते
वह मेरी ज़रूरत बन जाता है

कुछ लेकर आप जो स्वतन्त्रता देंगे
देने के बाद भी
वह जितनी आपके पास चली जाएगी
उतना मैं अधूरा हो जाऊँगा
यह जानते हुए भी कि स्वतन्त्रता होने में है
ने होने में नहीं

दी हुई आज़ादी में जो आप देना चाहते हैं
वे मेरी प्रवृत्तियाँ नहीं
बल्कि मेरी प्रवृत्ति आप मुझसे
लेना चाहते हैं
मैं जिस तरह होता हूँ
जिस तरह दिखता हूँ
उस तरह उतना मैं पेड़ हूँ

हम तुम्हारी तकलीफें जानते हैं
और वह विलम्ब भी
जो तुम्हें एक सम्पूर्ण पेड़ बनने में होता है

पेड़ होने का–हम तुम्हें
एक उदाहरण बनाना चाहते हैं
कम-से-कम होकर भी
जो ज़्यादा-से-ज़्यादा पेड़ हो
मसलन कि तुम अगर सीधे एक फल हो जाओ...
–यों तुम्हारी अन्तिम उपयोगिता
हम बढ़ा देना चाहते हैं

मैं जानता हूँ आप मुझे देना चाह रहे हैं
एक सुविधा–पेड़ ने कहा

पहुँचने के लिए एक सरल मार्ग
पर वह मेरा रास्ता नहीं है

एक और रास्ता निकल आता
जैसा मैं बीज से निकालता हूँ
जिससे ज़मीन में मिली हुई फुनगी को
आसमान में पहुँचा देता हूँ
मैं उस रास्ते का मुसाफ़िर हूँ
जिसमें अपनी जगह खड़े रहकर बढ़ा जाता है
एक ऐसा मुसाफिर जिसका ब्याह
चिड़ियाएँ
एक जंगल से दूसरे जंगल के साथ रचा देती हैं

न तना बनना सरल है
न टहनियों की तरह निकल आना
न फूल, न फल, न पत्ता बनना सरल है
न अपनी जड़ों के लिए ज़मीन को पटाना
कुछ भी सरल नहीं है

सवाल केवल पेड़ होने का नहीं
वह तो सिर्फ़ एक नाम है
जैसे कि—आज़ादी
नाम में क्या रखा है?

आखिर मैं पेड़ हूँ आपका कोई विचार नहीं
जो शाम तक बदल जाऊँ
मुझे समय लगता है
मैं आबो-हवा हूँ
मेरी भी एक अर्थव्यवस्था है
मैं भी एक संगठन हूँ

क्या आप अपनी अर्थव्यवस्था को
मुक्त कर सकते हो?
और क्या आप किसी संगठन को
आज़ादी दे सकते हो?

# ठंड से डरकर

ठंड से डरकर
बन्दूक छूने से जिस क्षण
डरते हैं शिकारी
उस क्षण जंगल
नये चूज़ों से भर जाते हैं

ठंड से डरकर
नल खोलने से
रोज़
जितनी देर डरते हैं पहलवान
उतने में
हरद्वार तक आ जाते हैं
गंगोत्री के पंछी
और पंडे कलकत्ता तक चले जाते हैं

ठंड से डरता है
न्यायाधीश
ठंड से डरता है
अपराधी
गुंडों से भी नहीं डरती है ठंड

ठंड से डरकर
कम कपड़ों में

दौड़ती है पुलिस
लाल है दरोग़ा की नाक

इंजिन के नीचे
बोरा जलाता है
ड्राइवर
ट्रांसफर चाहता है
बलिया का अध्यापक

ठंड से डरकर
हवा में जमकर गिरती है
छोड़ी हुई साँस
दुखीराम लाला
बेचता है स्वेटर हर्षिल में।

# प्यार से बातचीत

चाहे जितना अश्लील मगर ज़रूरी
चाहे जितना अभद्र मगर व्यावहारिक
चाहे जितना घिसा-पिटा मगर सक्रिय
मुझे एक जगह कुछ देर के लिए
थोड़ा-सा-प्यार मिला

यह मेरा सौभाग्य था कि मुझे प्यार मिला
मैं उसे धन्यवाद देना चाहता था
कृतज्ञ होना चाहता था
और हर जगह यहाँ तक कि हमेशा
उसे पाना चाहता था

प्यार पहले तो थोड़ा फुसफुसाया
फिर रोने लगा
और फिर जैसे कि कुछ हुआ ही न हो
बोलने लगा—मुझे तुम पसन्द हो
पर क्या तुमने मुझे अन्तिम बार
चुन लिया है?

क्योंकि तुम चुनते हो और छोड़ देते हो
फिर चुनते हो और फिर छोड़ देते हो
मुझे चुन लेने के बाद भी
तुम कभी क्रोध चुन लेते हो, कभी घृणा

कभी वैराग्य
कभी ऊब चुन लेते हो कभी दूरी
कभी माँ चुन लेते हो कभी पत्नी
कभी आदर्श चुन लेते हो कभी देश

जबकि मैं जानता हूँ तुम्हारी कोई भी रात
नैतिक रात नहीं होती

क्योंकि तुम मुझे चाहते हो
इसलिए पाना चाहते हो
तो मैं भी तुम्हें चाहता हूँ
समूची ज़िन्दगी के अलावा
तुम्हारे पास और क्या-क्या है?

जिसे तुम आत्मीयता कहते हो
उसे मैं तुम्हारी आँख, कान, नाक
और ज़ुबान सहित चाहता हूँ
मैं तुम्हारा कलेजा, तुम्हारा हृदय
तुम्हारी प्यारी-से-प्यारी विचारधारा
यानी कि तुम्हारा सबकुछ चाहता हूँ

और अन्त में सिर्फ़ इतना ही नहीं
बल्कि मैं यह भी चाहूँगा कि जब मरोगे
छिटपुट भी मेरे किस नाम से
और पूरे भी मेरे किस काम से मरोगे?

# अकेला

तारीखें भी तीस
और आदमी अकेला
हफ़्ते भी चार
और आदमी अकेला
महीने भी बारह
और आदमी अकेला
ऋतुएँ भी छह
और आदमी अकेला
वर्ष भी अनेक
और आदमी अकेला
काम भी बहुत से
और आदमी अकेला।

# झटका

घोड़े के बाल बराबर
ताक़त भी बहुत है
बाल-बाल ताक़त
जैस एक ब्रुश
जो बहुत कुछ साफ़ कर सके
धूल हो, दाँत हो
जूता हो, फ़र्श हो
लेकिन एक टॉनिक
जो पिया नहीं
गड़बड़ कर देता है
आत्मबल
नसें तार करती हैं
कि आँखें
जिसे प्यार करती हैं
उसे विटामिन 'सी' की
ज़रूरत है
तुम्हारी नहीं।

# ज़रूरत है

ज़रूरत है
पहलवानी और गुंडेपन से बाहर
एक ऐसी ताक़त की
जिसे लेकर
कमज़ोर से कमज़ोर आदमी भी
जीत जाय

ऐसी ताक़त की
जो बैंक के एकाउंट
घर या फर्नीचर से
तय न होती हो

जिससे आँख मिलाने पर
ठंडे चूल्हे जल उठें
कुरूप की अच्छाई
दिखने लगे
सुन्दर के
ऐब खुल जायें

ज़रूरत है
एक ऐसी ताक़त की
जिसके लिए

आदमी को आदमी से
घृणा न करनी पड़े

(अगर कहीं हो
या किसी में मिल जाय
तो जो हैं
पर दिख नहीं रहे हैं
उनसे सम्पर्क करें।)

# सिक्के

जिस समय भी
कोई आत्मा बिक रही होगी
ये सिक्के
अखंड और अभेद्य रहेंगे

आत्मा किस अठन्नी का नाम है?

वह जो एक सन्तरा देती है
या दो केले
एक गिलास गन्ने का रस
या एक गट्ठी पालक
या जो सौ ग्राम टमाटर देती है
आत्मा किस अठन्नी का नाम है?

इन सिक्कों में से
किसमें
मेरी आत्मा की
सबसे बड़ी ख़ुशी भरी है?

दुनिया कभी भी
एक साथ नहीं बिकती
वह हर आदमी के साथ
अलग-अलग बिकती है

ये बार-बार लौटेंगे
और अपनी घटी हुई
क़ीमत से भी
दुनिया को ख़रीद लेंगे।

# लड़ाई

दुनिया की सबसे बड़ी लड़ाई
आज भी एक बच्चा लड़ता है
पेट के बल, कोहनियों के बल
और घुटनों के बल

लेकिन जो लोग उस लड़ाई के मार्फ़त
बड़े हो चुके
मैदान के बीचोबीच
उनसे पूछता हूँ–
कि घरों को भी खंदक में क्यों बदल रहे हो?

जानते हो यह उस बच्चे के
खेल का मैदान है
जो आज भी दुनिया की
सबसे पहली लड़ाई लड़ता है

ये सब सोचने की जिन्हें फ़ुर्सत नहीं
उनसे मेरा कहना है
कि जिन्हें मरने की भी फ़ुर्सत नहीं थी
उन्हें भी मैंने मरा हुआ देखा है
पर उस तरह नहीं
जिस तरह कि एक बच्चा मरता है

जिसकी न कहीं कोई क़ब्र होती है
न कोई चिता जलती है

बच्चों के लिए गड्ढे खोदे जाते हैं
ठीक जैसे हम पेड़ लगाने के लिए
खोदते हैं

उन्हें भी मैं जानता हूँ
जो बूट पहनते हैं
पर एक बार भी मरे हुए जानवरों को
याद नहीं करते

जबकि बन्दूक को वे एक बार भी
नहीं भूल पाते

उनमें से
कुछ तो दुनिया के सायरनों के
मालिक हैं
जो तीन-चार शहरों को नहीं
बल्कि पाँच-छह मुल्क़ों को
हर साल खंदकों में उतार देते हैं

उनका ऐलान है
कि घर एक आदिम खंदक है
और ज़मीन एक बहुत बड़ी क़ब्र का नाम है

इसलिए लोगो
मेरी कविता हर उस इनसान का बयान है
जो बन्दूकों के गोदाम से
अनाज की ख़्वाहिश रखता है

मेरी कविता
हर उस आँख की दरख़्वास्त है
जिसमें आँसू हैं

ये जो हरी घास के टीले हैं
ये जो दरवाज़े से सटे हुए
हवा के झोंके हैं
ये अब थोड़े दिनों की दास्तान हैं

यहाँ कोई बच्चा
चाहे वह पूरा आदमी ही क्यों न बन जाय
अपने पैरों पर
खड़ा नहीं हो सकेगा
पेट के बल नहीं चल सकेगा
कोहनियों और घुटनों के बल भी नहीं
क्योंकि
पहली लड़ाईवाले बच्चे
दुनिया की
सबसे आख़िरी लड़ाई लड़नेवाले हैं।

# उद्घाटन

सबके कानों से
सबके लिए
मैं अलग-अलग सुनता हूँ

मेरे भीतर
एक घूमते हुए घाव की तरह है
यह गर्भवती पृथ्वी

यह गर्भवती पृथ्वी
जिसके भीतर आग है
पानी है
हरियाली है
खेत हैं
बग़ीचे हैं

हज़ारों चिड़ियाँ
जिसके फलों पर
रोज़ चोंच मारती हैं

आकाश ने और ज़्यादा
साफ़ होते हुए कहा
मेरे दिल का कोई पेंदा नहीं है

पर उसमें
कई सतहें हैं
कई तूफ़ान
कई बरसातें

मेरे मन में कई चीज़ें हैं
मैं खूब अँधेरे
और खूब उजाले से भरा हुआ हूँ
मगर केवल पृथ्वी है
तो लगता है
—मेरे भीतर कुछ है

अँधेरे और उजाले के बीच
मेरे भीतर
एक और चीज़ है
—आदमी—
उसके भीतर
मुझसे भी ज़्यादा कुछ है

वह जहाँ से चाहे
आ जाय
मैं चारों ओर से खाली हूँ—
आकाश ने कहा
और हमेशा के लिए खुल गया।

# विरोधी

ज़रूरी नहीं कि जो एक ही जगह के हैं
वे आपस में दोस्त भी हों

लगभग एक जैसी ऊँचाई पर रहते हैं
पहाड़ और बादल
इन्द्रधनुष और ओले
हिरन और चीता

एक ही जगह के रहनेवाले हैं
छूना और चिकोटना
इसी तरह एक ही चीज़ को लेकर
हुनर दो हो सकते हैं
जैसे चेहरे पर चुम्बन और घूँसे।

# डुग-डुगी

आप लोग सब कितने-कितने रुपये के लोग हैं?
(जल्दी-जल्दी सोचिए)
देर की तो उतने की भी कोई क़ीमत
नहीं रह जाएगी

कौन अपनी कित़नी क़ीमत समझता है
कहीं आने-जाने की? बोलने-चालने की?
परामर्श देने की?
सब सहित
कौन अपनी कितनी क़ीमत समझता है?

जो जितनी बड़ी क़ीमत का है
वह एक बार में ही उतना बिक जाता है
जितने में कम क़ीमत का दस साल तक बिके
जिसे जितना बिकना हो
मौत से पहले बिक ले
क्योंकि ज़िन्दगी सिर्फ़ अपनी बोली लगाने का
मौक़ा देती है

जब एक ज़िन्दगी बिकती है
तब चार ज़िन्दगियाँ खुशहाल होती हैं
यहाँ कितने खुशहाल लोग है?

क्या वे अपने चेहरे बेझिझक दिखा सकते हैं?
क्या वे चाहेंगे कि उन्हें उनके नाम से जाना जाय?
या वे चाहेंगे कि उन्हें उनके काम से जाना जाय?
यहाँ कितने लोग हैं
जो अपने काम से जाने जाते हैं?

क़ानून का कहना है कि–
जब किसी को उसके काम से जानता हूँ
तब वारंट बन जाता हूँ
लेकिन जब नाम से जानता हूँ
तब काम को भूल जाता हूँ
मेरा इसी में बन जाता है

यहाँ कितने लोग हैं जो इस क़ानून को जानते हों
या पहचानते और पसन्द करते हों मगर बताते न हों?
जो बिक चुके वे हैरान हैं तो सिर्फ़ इसलिए
कि हाथ अपनी क़ीमत तक न लगी।

# एक पूरी ऋतु

भारी-भारी टहनियों का बोझ थामे हुए
दो से पाँच फुट ज़मीन पर खड़े
पेड़
एक-एक रेशे को कड़ा कर रहे हैं

और अपनी तपस्या में
वहाँ तक पहुँचना चाहते हैं
एक वर्ष और बड़ी दृढ़ता
जहाँ भी उनके लिए छिपी हुई है

ये दो से पाँच फ़ीट ज़मीन पर
खड़े पेड़
सौ फ़ीट तक छाया
हज़ार तक हरियाली
फेफड़ों तक हवा
और कोसों तक वसन्त देते हैं

अपने जन्मते ही
जो मोची और दर्जी बन जाते हैं
और सिलना शुरू कर देते हैं
ज़मीन को
पर खुद के बारे में

वे यह भी जानते हैं
कि हमें सींचनेवाले बहुत लोग नहीं हैं

इसलिए उन्हें एक पूरी ऋतु चाहिए
प्यास की नहीं
पानी की एक पूरी ऋतु।

# से

बच्चा सोता है
हिलाने से
राजा जागता है।

# परम्परा

समुद्र तट से थोड़ा पहले
अपनी कुलीन यात्रा के अनुभव में
जहाँ
पानी नदी के नाम से जाना जाता है
मैंने तुम्हें याद किया

थोड़ा आगे
जहाँ पहुँचकर
वह अपना नाम त्यागती है
उद्गम भूल जाती है
मैंने तुम्हें याद किया

उससे भी आगे
सागर की अस्थिर छाती पर
जहाँ
नदी को कोई निर्णय नहीं लेना
मैंने तुम्हें याद किया

उससे भी आगे
पानी ही जहाँ
क्षितिज की रेखा बन जाता है
सतह पर तो सूर्योदय होता है

मगर हृदय में अन्धकार
सर्दी की रातों जैसा
चिपककर सोता है
मैंने तुम्हें याद किया।

## सम्बन्ध

ऊँचे पेड़!
तुमने आकाश को
और चिड़ियों ने तुम दोनों को
अपनाया
क्या वे तुम पर वैसे ही नहीं उतरतीं
जैसे स्टेशन पर लोग?

# प्यार में

प्यार में प्रत्येक प्रश्न अनिवार्य है

कितने मिनट सज्जन रहती है आत्मा?
कितने मिनट बाद उसमें एक कुत्ता आ जाता है
और कुत्ते की आत्मा में भी कितना पुराना कुत्ता?

इसका विशद वर्णन करो कि जब कुत्ता
नज़र मिलाकर एक सीढ़ी टिकाता है
आदमी की आँखों से
वह किस चीज की गन्ध सूँघता है?

विशद वर्णन करो कि एक दिन में किसी आत्मा में
कितने परमात्मा आते हैं और कितने कुत्ते?
और जब अपने में कुत्तापान
और कुत्ते में इनसानियत देखी हो
तो उसका भी उल्लेख करो?
क्योंकि प्यार में प्रत्येक प्रश्न अनिवार्य है

बाहर-भीतर के बारे में तुम क्या-क्या जानते हो
क्या पूरे-के-पूरे अपने भीतर ही गड़े हो
जैसे क़ब्र में कोई मुर्दा?
या कोई और उदाहरण देकर समझाओ
मसलन अगर सूरज पृथ्वी के भीतर होता

तो क्या इतने ज़्यादा काम का होता
बाहर और परे वह जितने काम का है?

माना कि आत्मा दर्पण है याने कि आईना
मगर बाहर ख़ाली हो तो भीतर जो होता है
क्या आत्मा में भी ऐसा ही होता है?

और आखिर में किसी एक पर निशान लगाओ
कि हमको किसने बड़ा किया–
माँ-बाप ने, ईश्वर ने या राज्य ने?

जलवायु, आकाश और धरती में से
हमारी भूख, जिज्ञासा और ज़िन्दगी में से
हृदय ने, फेफड़ों ने, मन ने इन्द्रियों के झुंड में से
हमको अकेले किसने बड़ा किया?

जान लेने ने या जान देने ने
दिमाग़ ने, यादों ने, परम्परा ने, संस्कृति ने
हथियारों ने, युद्ध ने
मौन ने, भाषा ने
हमारे शरीर में से चीज़ों के मन तक
जान-बूझकर हमको किसने बड़ा किया?

प्यार में प्रत्येक प्रश्न अनिवार्य है।

# प्रार्थना

फलो!
गरीब और कमज़ोर बच्चों के लिए
देखते ही बढ़कर पक जाया करो

फलो!
जब तुम महँगे बेचे जाओ
तो तुरन्त सड़ जाया करो
छूते ही
और छूने न दिया जाय
तो देखते ही।

# सहेली-सहेली

'प्यार करती हूँ' इसी को ज़रा घुमाकर कहा
'किसी से प्यार करती हूँ'

—तब?
—वह शहर छोड़कर चला गया

—अब?
—वह जितना नहीं है
उससे भी ज़्यादा उसकी कल्पना करती हूँ

—कैसे?
—कभी हाथ पर इकलौता सर रखकर
कभी इकलौता आकाश
मनपसन्द चीज़ें जिसमें अकेली पड़ी हैं

—क्यों?
—सब्र की सीमा पर थोड़ी अच्छी हवाएँ जो हैं!

—फिर?
—तकलीफ़ पाने के अधिकार को छीनकर
एक भारी सपने ने मुझे रात-भर रुलाया
मेरे हाथ मेरी छाती पर थे
बहुत डरी कि वे भी मुझे दबा सकते हैं।

## तकरार

—तुम्हारी आवाज़ गन्ने के बराबर है

—और तुम्हारी बाँस के बराबर

—क्या गन्ना और बाँस की जोड़ी ठीक रहेगी?

—अगर किसी जानवर से पूछा जाय
तो उसे दोनों पसन्द होंगे

—पर उसे पीटने के लिए थोड़ी देर
गन्ना और बाँस बराबर हो सकते हैं

—अच्छा?
मेरी आवाज़ अगर गन्ना है
तो मेरा शरीर गन्ने का पूरा खेत है

—और मैं बाँस का घना जंगल हूँ
जिसमें सटे हुए गन्ने के खेत की हवा आ रही है
और जिसे मैं वर्षों बजा सकता हूँ।

# पृथ्वी का स्वागत

अलग होने वाले दिन से ही जिस पर अपना
भार आ पड़ा था
जिसकी गोद में बच्चों की तरह बैठे हुए पहाड़
कोहरे ने ढक लिये हैं
टूटने के बाद भी जो लाखों वर्ष पुराने
सम्बन्ध की परिक्रमा करती है
जिसके महास्नान के लिए आधा समुद्र
आसमान में चला गया है

उसके सिर पर कई दिनों के घिरे बादलों में से
आई है जो बिजली की चमक
उसे महीनों, वर्षों और शताब्दियों तक चमकाकर
हम इस पृथ्वी का स्वागत करते हैं

मुख से ज्वालामुखी, दिल से अँधेरी
कोख से उपजाऊ, देह से बियाबान
अपने ही कम्प से बार-बार हिली हुई
आकाश जिसकी हर गली में मुड़ता है
और उसी के सहारे घबराते, चौंकते, जीतते-हारते लोग
एक से दूसरे कोने में
एक से दूसरे सिरे तक
आते-जाते हैं

इससे बाहर खड़े होने की फ़िलहाल कोई जगह नहीं
जितनी देर हम जिस चीज से डरते हैं
उतनी देर उसी के डर से
हम इस पृथ्वी का स्वागत करते हैं

जब वज्र गिरते, पहाड़ धँसते और झीलें फटती हैं
बादल दिशाएँ उजाड़ देते हैं
बिना मुँह, बिना दाँतों की नदियाँ
किनारे खा जाती हैं
शहरों-गाँवों और मवेशियों को डकार जाती हैं
मगर जिस पर हम फिर से शुरू करते हैं ज़िन्दगी
तृप्ति के लिए हमारी तरह जिसे साँप और चूहे भी जानते हैं
फिर भी जिसे एक दिन नष्ट होना है

मगर लोग परेशान
कि आखिर इसके पास कितना सोना है
हीरे जिसके हृदय को काटते रहते हैं
हम इस पृथ्वी का स्वागत करते हैं

घर, गाँव, मदरसे, पुस्तकालय, विधान; विधान भवन
और धन-दौलत की खानें
देश, जानवर, पेड़, बगीचे
फूल और फल और जंगल के जंगल सारे हमारे हैं
इसका कुछ नहीं, न घास न पात
दरकी हुई, तपी हुई, बर्फ़ में बर्फ़ और रेत में रेत
गीली, ढीली, टूटती, खिसकती, ठोस और लहलहाती
अपने ही कीचड़ से सनी, बनी

न जिसे कोई भूख, न प्यास
जो बार-बार खोदी, बार-बार बोई और काटी जा रही है
जो खुश है न उदास और जो तब भी घूमती रहती है
हम इस पृथ्वी का स्वागत करते हैं।

# हमारे शरीर

हमारे शरीर कितने कामयाब हैं; कितने सुन्दर!

थोड़ा-सा अच्छा खाते हैं तो चमक उठते हैं
थोड़ा-सा अच्छा पहनते हैं तो सज उठते हैं
थोड़ा-सा अच्छा बोलते हैं तो भा जाते हैं

देखते ही हरेक से कोई खुशबू उठती है
देखते ही चली आती है हर चीज़ अपनी जगह से
बहुत-सी जो खड़ी हैं मन में
याद आते ही चल पड़ेंगी
जैसे अड्डे से टैक्सियाँ

हमारे शरीर कितने कामयाब और सुन्दर हैं
यह कहना कितना सरल है
मगर यह होना कितना मुश्किल है।

# रोज़ाना

इससे पहले कि वे सारी-की-सारी जाग जायें
और जंगल किसी पुरानी मशीन की तरह
चिंचियाने लगे
इससे पहले कि जाती हुई रात
अस्पताल की बड़ी-बड़ी खिड़कियों में से
किसी काली, धुँधली मिल की तरह लगे
और सुबह आटे-सी बाहर आती दिखाई दे
रोज़ाना की एक सबसे पहली चिड़िया
जंगल और बस्ती के बीच का वीराना तोड़ती है

और आख़िरी पहर के गाढ़े अँधेरे में
अस्पताल के लम्बे दरख़्तों से आसमान में जाकर
फुनगियों तक डुबकी लगाती है

विश्वनाथ मन्दिर के देवदारुओं से भी
दुगुनी ऊँचाई पर उड़ती हुई
जो कुछ वह कह रही है क्या उसका
सिर्फ़ यही मतलब है कि कीड़ो! जाग जाओ

उत्तरकाशी में या इस घटना-प्रधान समय में
रात की चटकनी को मुझसे भी पहले
वह अपनी चोंच से खोलना चाहती है

उसकी आवाज़ के छोर पर इकट्ठा
करोड़ों जुगनुओं का उजाला जल-बुझ रहा है
कीड़े जागेंगे
और बिलकुल आदमियों की तरह काम में लग जाएँगे

ख़ून और पीव के साथ नई रुई चमक रही होगी
सब कुछ साफ़-साफ़ देखा जा सकेगा
जैसे कूटी हुई सड़क
और मरीज़ के पैताने से
सिरहाने की ओर आते हुए डॉ. इंद्रसिंह पाल
उदास वर्षों के प्रफुल्ल पौधे
और सुई की तरह ठंडी सफ़ेद पोशाक में ओम्ना मैथ्यू
एक बाग़ीचे-भर लम्बा क्षण
जिस पर बाद में रेलिंग लगे
तो बच्चे चिड़िया को उड़ाकर झूलेंगे

काले अँधेरे के आखिरी छोर पर
बूढ़े दरख़्तों के हर अँधेरे से निकलकर
तमाम घरों से निर्वासित चिड़ियाएँ
एक ठोस मगर अपूर्ण दिन रचनेवाली हैं
जिसे सूरज भी नहीं जानता
जिसके लिए गीली, थरथराती, नुकीली पत्तियों पर
पैर साधे खड़ी है सुबह

ऋषिकेश जानेवाली बसें हॉर्न दे रही हैं
मगर कुछ सवारियाँ
अस्पताल के बिस्तर पर पड़ी हैं
कीड़े घास की पत्तियों पर सफ़र शुरू करनेवाले हैं
चिड़िया की आवाज़ जिनके दिल में
नब्ज़ की तरह धड़कती है

रात-भर के अनसोये बीमार
अपनी थोड़ी-सी पेशाब के लिए उठना चाहते हैं
और सोचते हैं कि यह चिड़िया
जो रोज़ाना सबसे पहले बोलती है
शायद जन्म से ही बीमार है

लेकिन वह जब सपना देखती है
तो काला रंग और नारंगी चोंच
कहीं भी उसका पीछा नहीं छोड़ते
एक चिड़िया के अलावा
और क्या-क्या होना चाहती है चिड़िया
कोई भी नहीं जानता
न बाज़; न शिकारी

उसके बोलने में न जंगल की मान-हानि है
ने भुनगों के लिए विलाप
वह साँस लेती है और उसे चहचहाहट में बदल देती है

साँस जब आवाज़ बन जाती है या सीटी
तो उसमें एक दूसरे से ज़्यादा होता है
आज़ादी का अर्थ
(इसीलिए सीटी, हर कोई, हर कहीं नहीं बजा सकता
चिड़िया बजा सकती है)

मैं तो सिर्फ़ इतना जानता हूँ कि चिड़िया की साँसों
चहचहाहटों और सीटियों से फिसलकर
रोज़ ऐसी लम्बी चिकनी सुबहें
खुरदुरे और कर्मठ दिनों में बदल जाती हैं।

# जूते और चेहरे की बातचीत

बात आयी कि समाज में सबसे ज़्यादा कौन चल रहा है
तो पैरों की चल पड़ी और जूते की भी जीभ निकल आयी
—मैं चल रहा हूँ
कोई सा चाहे कैसा भी समाज हो मैं चलूँगा

'चेहरा' जो खामोश था अब तक जिस पर परेशानी थी
उसने कहा—सब मेरी नक़ल कर रहे हैं
पहचान बनाने के लिए पर यह भूल जाते हैं
कि दिमाग़ के सबसे ज़्यादा क़रीब कौन है?

मेरे पास कान हैं, आँखें हैं दुनिया में सबसे वाचाल
सबसे अच्छी और रसीली जीभ है
मुँह है। मैं स्वयं चेहरा हूँ। ज़िन्दा

जूता तो केवल मोहरा है
मरी हुई खाल की एक निर्जीव आकृति
मैं पैर डालता हूँ तब वह चलता है
वह पैर-हन है केवल
समाज में यों ही मैं चल नहीं रहा—पहचाना जाता हूँ
छिपाया जाता हूँ। बेनकाब किया जाता हूँ
दिखाया जाता हूँ नकली भी और असली भी
मैं ही

बस इसे हद समझकर नीचे से उठकर जूते ने कहा—
क्योंकि हरेक चीज़ का एक चेहरा होता है
इसलिए जैसा भी है मेरा भी एक है
पहले-पहल बच्चों की तरह सुन्दर
बाद में ठोकर खाए हुए बूढ़ों की तरह
चलते-चलते मरता हूँ मैं भी
लेकिन जनाजा नहीं निकलवाता
समाज में जैसी भी है मेरी भी एक जीभ है
पर दो से भी ज़्यादा हैं आँखें
सुनने को चाहे कोई भी सुने
आने-जाने की आहट मेरी ही होती है

आकृति जैसी भी है पर मैं जूते जैसा नहीं
स्वयं तरह-तरह से जूता हूँ
जिसके भी पैर का होता हूँ उसी के रास्ते
एड़ी से चोटी का सफ़र करता हूँ

अनाड़ी-से-अनाड़ी पैरों की नाड़ी मुझमें धड़कती है
दिमाग़ में जो खून जाता है
वह अँगूठे के पास आता है जब
मेरी और उसकी बातें होती हैं
तब एक ही आत्मा से काम चल जाता है
दिमाग़ उस पशु का भी जानता हूँ जिसकी मैं खाल था
उसका भी मेरा चेहरा था
अगर नाक-नक्श न हों तो चेहरा बस खाल का मामला है
मैं वही हूँ जिससे चेहरे और जूते दोनों बन जाते हैं

भले ही खाली लगे पर मेरा भी दिमाग़ है
जिसमें पाँच उँगलियोंवाला एक पूरा पैर रहता है

चलता हो कोई चाहे, घिसता तो मैं हूँ
हर उस जीवित की तरह जो बनता और नष्ट होता है

जो चेहरे को सिर्फ़ चेहरे के नाम से जानता है
जो उसी से झेंपता और उसी से दमकता है
उसे भी आड़ में मैं ही ले जाता हूँ
चाहे काँच हों, काँटे हों, कीलें हों, आग हो
हर मोर्चे पर मैं ही काम आता हूँ
कुछ हैं जो चेहरा पेपरवेट के नीचे
और दुनिया मेरे नीचे रखकर चलते हैं
आदमी नंगा हो तभी नहीं बल्कि पैर नंगा हो
तब भी इज़्ज़त उतर जाती है
मेरा भी एक स्थान है
हाथ में उठा लिया गया तो ख़ैर नहीं
वैसे चाहे मसखरी करते हों या सबूत पकड़ते हों
मैं भी छिपाया जाता हूँ

चन्दन या मुकुट
सिर पर टोपी या खिज़ाब जो भी लगा लें
पर जब ख़राब वक्त आता है तो मैं ही लगाया जाता हूँ
चेहरे पर स्याही पोत दो तो वह मुँह न दिखाए
पर मैं कालिख से चमक उठता हूँ

एक बार कभी जब यह बात हुई थी
तब से चेहरा आज तक तमतमाया हुआ है।

# अ-दृश्य

इस समय की गाड़ी लेट है
प्लेटफ़ार्म पर
कुछ मुसाफ़िर लेटे हैं शरीर में
जैसे आत्मा अपने जूते छोड़कर चली गयी हो

जिस तरह पैर जूते में
उसी तरह पड़ी है यह आत्मा शरीर में
न जिसे भीगने से, तपने से
न जिसे छीजने से, ढहने से
और न जिसे समय से बचा सकता हूँ।

# बूढ़ा पहाड़

भाले की तरह लम्बी ख़ामोशी के किनारे
जिसके गंजे सिर पर चीलें बैठी हैं
और हवा जिसके फेफड़ों में अब उतनी देर नहीं रुकती
जितनी देर फ्रांस के मार्चे पर विक्टोरिया के ज़माने में
'क़ैसरे हिन्द' गांधी के कहने से रुकी थी

वे चट्टानें भी खिसकने लग गई हैं
जो पसलियाँ थीं और जिन्होंने चिड़ियों के प्यार में
दरख़्तों के सपने देखे थे
जिन पर पिछली लड़ाइयों के बेजान तमग़ों की तरह
एक-एक ठूँठ जैसे बर्बरता की मोहरें हों

बेल्जियम के मोर्चे पर विक्टोरिया ने
जो मौजे जो वर्दी दी थी
एक की भी झिर्री नहीं है जिसके पास
ज़ख़्मों की ज़िल्द पर हाथ फेरते हुए जो अक्सर
कहता है कि एक दिन मुझे सीढ़ी बनाकर
युधिष्ठिर स्वर्ग गया था
और अजीब संयोग था कि बेल्जियम की धरती
एक मेम के कारण मेरे बूटों से चिपक गई थी

पिछले साल यह रिटायर बूढ़ा
हरी घास का झाड़ीदार कोट पहने

सुबह का सूरज हुक्के पर रखे हुए
मुझे तम्बाकू पीता हुआ मिला था

और भाले की तरह लम्बी ख़ामोशी के
किनारे बैठा याद करता था
अपने लाखों हाथ और करोड़ों हथेलियाँ
जिनसे वह, वसन्त से पतझर तक
भूमध्य सागर से उठनेवाली हवाओं की
रानें सहलाया करता था
याद करता है ज़मीन में छिपी हुई
पैंट की पुरानी जेबों को
जिनसे पानी के सोते निकलते थे
और नदी की लिपि में बदल जाते थे

आज यह अगस्त और सितम्बर के बीच की
कोई भी तारीख़ है
कोहरे और बादलों के बीच फँसी हुई
चारपाई की रस्सियों जैसा मोटा पानी बरस रहा है
सोचा कि शायद वह कपड़े बदल रहा होगा

लेकिन बादल फटते ही उसकी कमर से
एक किलोमीटर हरियाली
अँगोछे की तरह खिसक आयी

तुम्हारे लिए मैं जानता हूँ यह मात्र भूस्खलन है
जबकि मेरे लिए
एक सबसे ज़्यादा बुज़ुर्ग आदमी को
यह नंगा कर देने की घटना है।

# छोटी नदी

बूढ़ा समुद्र मुझे सभी नदियों से मिला सकता है
जो मेरे ज़िले से निकलती हैं पचास
वे तो मुझे देखते ही पहचान लेंगी

एक तो ऐसी जो दो बूँद इकट्ठा होने पर बहने लगती है

चैत वैशाख में कसके चार घाम पड़ जाएँ
तो पिघलती बर्फ़ से वह अचानक बड़ी हो जाती है
जैसे कोई छोटी लड़की अपने नये झगुले में बड़ी दिखती हो

है तो वह कहीं पर गाँव से भी ऊँची
पर आपको हर लोटे हर गिलास में मिलेगी

बड़ी नदी में तीर्थ करते हैं, पर्व नहाते हैं पहाड़ों के लोग
पर उससे खेत नहीं सींच सकते
सिर्फ़ आचमन कर सकते हैं

बरसात में बड़ी जब विकराल हो जाती है
तो किनारों को पसन्द नहीं करती
हर ताक़तवर की तरह
वह भी अपने आधार को काटने लगती है

जब कुछ बड़ा हुआ तो जाना कि बरसात में
छोटी भी चढ़कर नीचे उतर आती है
जहाँ आबादी घनी और नदी बड़ी हो जाती है

अजब संयोग है, मैंने जूते उसने पत्थर घिसे
दोनों ने ज़िन्दगी ही बनायी रेत
फिर भी वह मेरी यादों में मरी नहीं
बल्कि पुरखों के खेतों में सो गयी
और धान के पौधों में दूध पड़ते ही जाग उठी
भादों के घाम में पकने के लिए

पत्थरों की कोख से टपकती वह बाँज की बेटी
जो रत्ती-भर भी बिना बने नहीं रहती
दो बूँद बनने पर जो बहने लगती है
आगे चलकर जिसमें मैं खूब नहाया हूँ

ओ बूढ़े समुद्र! तुम्हारे घर में एक मेरी नहाई हुई नदी है
जिसके किनारे
बिना बादलों की मेरी अनेक सुबहें हुई हैं

आज रात पहले से जो कल की नदियाँ
बरसों सुबह तक बह रही हैं
दस हज़ार साल बाद भी तुम मुझे मिला सकते हो
खासकर उस एक से जो मेरे गाँव से निकलती है

जब मैंने पहाड़े शुरू किये थे तब भी वह मुझसे
ज़्यादा जानती थी
तलाई खेतों के ओने-कोने और लम्बाई-चौड़ाई
वह कच्ची नहरों से आती थी चुपके-चुपके
किनारे उगी हुई घास को हिलाती

और पुराने पुश्ते पर टिका खेत उसे दिन-भर पीता था
कम्बख़्त इतना प्यासा बन जाता
तब छलकता जब मेड़ भी घुलने लग जाती
ओ बूढ़े समुद्र! उसी नहर से बनी है यह नदी
जो अब मेरी नसों में बहती है

पहाड़ अगर पिता है तो उसकी बड़ी बेटियाँ
सारे मुल्क़ के साथ ब्याह दी गयी हैं
जबकि छोटी बेटियों का रास्ता
पिता के चेहरे की एक-एक झुर्री से होकर है

मैं जानना चाहता हूँ कि क्या वह पहुँच चुकी है
बड़े-बड़े घड़ियालों की पूँछ तक?
या व्हेल के होंठों तक?

अगर वह पहुँच चुकी हो वहाँ जहाँ तुममें रत्न होते हैं
तो वह मुझे याद करती होगी
जब मैं बाघ के नाख़ून, अजवाइन की पोटली
और खच्चर की खुर्री गले में लटकाये फिरता था
और सोचती होगी कि डुबकियाँ मैंने लगायी थीं
जब कि रत्न उसके हाथ पर हैं

ऐसे किसी भी समय तुम्हारी तरंगों में दौड़ने का
कोई अनुभव भूल जाने के लिए
वह मुझे याद करती होगी
हज़ारों वर्ष पुराने तुम्हारे हृदय के कीचड़ में।

# अब उसकी बारी है

एक लगभग युवा माँ देखती है कोई दरार
जो किराये के मकान से एड़ी तक समा गयी है
और जब कुछ पाती नहीं वहाँ भरने को
तो हवा के चाटे हुए आईने में अपनी झुर्रियों को
देश की बड़ी-बड़ी नदियों की तरह देखती है
और किसी भी तहस-नहस में
हर बार इस चेहरे को बचा लाती है
अपने सबसे छोटे बच्चे के लिए

हवा के चाटे हुए आईने में वह कुछ भी नहीं रह गया
जो पूरा मिटा हुआ चेहरा उसे दिखा सके
वह सबसे छोटे बच्चे के पास जाती है
और बड़े इत्मीनान से उसका मुँह धोकर
उसके बाल बनाती है
जैसे खुद को देखने लायक बना रही हो

और हँस पड़ती है बच्चे को हँसते देखकर
जैसे किसी चीज़ को माँज रही हो

ऐसा पत्थर जिसे हर बार हथौड़ा मारकर
मिस्त्रियों ने छोड़ दिया हो
कहीं से भी जो अटूट नहीं आता है एक मर्द
और दोनों को अपनी जीती हुई चीज़ की तरह देखता है

बड़ी-बड़ी बातें न समझनेवाला वह किसी से कहता है
कि आख़िर मैं एक बाप हूँ। बाल-बच्चेदार आदमी
झूठ क्यों बोलूँगा?
मुझे भी डर है बच्चों के मर जाने का
हमारा झूठ बच्चों की मौत बनकर आता है
झूठी क़समें उनकी गरदन उतार लेती हैं
अगर झूठ बोला हो तो भगवान तक पहुँचने से पहले
खुद को ख़ुद के सामने दुत्कारूँगा
रातों-रात धरती फट जाएगी
बिना बादलों के वज्रपात होगा
क्या मुझे नहीं मालूम कि मरने के बाद भी खाल उधेड़ी जाती है
और प्राण सताए जाते हैं

अगली सुबह भी ख़ामोश लोग ख़ामोश थे
जबकि उसकी खाल रात को ही खींची जा चुकी थी
ढाँचा बेचा जा चुका था
एक-एक बुराई ढक दी गयी थी
अब उसकी बारी है जो दूसरा बाल-बच्चेदार आदमी है
और सच बोलनेवाला है।

# एक दिन

एक दिन घबराये हुए शब्द आये और कहने लगे
—हमें बचाइए
जगह-जगह से हम काट दिये गए हैं
पंक्ति से हटा दिये गये हैं
या तो हमारे विकल्प खोज लिये गये हैं
या हमारे बिना काम चलाया जाने लगा है

उनमें गुमसुम भी था और पलटू और अवतार भी
उनमें अपने ज़माने के अजर-अमर, अमीर-उमराव
सारे-के-सारे शब्द थे
किसी पर ज़ंग किसी पर चीरा लगा हुआ था
विद्रोह भी था और दाढ़ी भी थी साक्षात् अस्तव्यस्त

सबसे आगे ही था वंचित पुण्य
कहता हुआ कि पाप घास की तरह फैल गया है
अचरज के साथ खड़ा था पृथुल पाप
कि मुझसे अब कोई नहीं डरता

चारों ओर ऐसे-ऐसे शब्द थे जिनका समुद्र से भी गहरा
अतीत था
पर जो भाषा की नैतिकता में शामिल नहीं थे
न सुबह के थे न शाम के न रोज़ के

न बादल थे न पनगोला न ओस की बूँदें
वे कुछ घबराये हुए शब्द थे
जो बिना संगठन कह रहे थे हमें बचाइए

कोई पुराना घग्गाड़ एकदम कुचाश्रयी
कोई बिल्कुल घिसा हुआ कोई साबुत होकर भी चल नहीं पा रहा था
कोई रक्तहीन कोई एकदम लथपथ
समझ नहीं पा रहा था कोई समझ नहीं आ रहा था

गुमसुम की बगल में ही बैठे थे कुछ उभयलिंगी
बहुत गन्दी और दुखी और अस्पृश्य थी पवित्रता
जब मैंने पूछा कि पवित्र कहाँ है?
तब वह बोली कि डिब्बा बन गया है
सील मोहर लगा के बिक रहा है
अब वह पहले-सा पवित्र नहीं रहा
बस बदलता है रंग और चल पड़ता है
उसके रहते कई बार बलात्कार हुआ मेरे साथ
इस तरह हर कोई मुझे समकालीन बनाता...
और मैं मिटती चली गई

मैंने देखा कि बलात्कार घबराए हुए शब्दों में कहीं नहीं था
तब एकदम चीख़ पड़ा कि हत्या कहाँ गई?

'वह सक्रिय है'—एक मासूम से निरपराध से शब्द ने कहा
जिसके न हाथ दुरुस्त थे न पाँव
गरदन भी जिसकी लटकी हुई थी
—वह तो भाषा में भी अब बहुत कम आती है
प्रवृत्तियों को फँसाये हुए आदमियों की आड़ में रहती है

चाहे जब किसी को हत्यारा बना देती है
न्याय भी अब उसी के कब्ज़े में है

फिर अपने बारे में बोला—मैं सौहार्द हूँ
बहुत की कोशिश मित्रता और भाईचारा बनाने की
लेकिन ज़माने ने मुझे नक़ाब की तरह ओढ़ा
और बारूद की तरह बिछाया
अब टूट-फूट गया हूँ
मुझे किसी डॉक्टर को दिखाना बेकार है
कहीं से भी एक अदद गरदन और हाथ-पाँव दिला दीजिए
जो तुड़वा हों
एक घूँसे जितनी जान मैं पैदा कर सकता हूँ

जिन्होंने मुझे धक्का दिया वे कुछ ही आगे-पीछे के दो-तीन शब्द हैं
कोई कहता है कि मैं संवाद हूँ, कोई सम्प्रेषण, कोई कहता मैं अपील हूँ
सम्प्रेषण की एकदम निजी समस्याएँ हैं
जबकि संवाद स्थापित होना चाहता है
और अपील को बहुत ठुकराया जा चुका है
कोई भी पैदा नहीं कर सका जिसे कहा जा सके कि यह रहा—सौहार्द

मैं बड़ा परेशान। मन-ही-मन अपनी भाषा से बातचीत की
झगड़ा तक मोल लिया
पहले तो उसने मुझे घरेलू शब्दों में नंगा किया
फिर पड़ोसियों के सामने सड़क के शब्दों में फेंक दिया
मेरे चारों ओर फब्तियाँ थीं
आत्मा पर गाली-गलौज के गहरे निशान थे

घर की, पड़ोस की, पूरे मुल्क़ की
पेशे-दर-पेशे छनकर आई हुई मेरी भाषा ने कहा—

जो समकालीन बनना चाहता हो उसके ख़तरे उठाने पड़ेंगे
शरीर के खेत में आत्मा को आलू की तरह उगाना पड़ेगा

तुम रोज़ क़ब्रस्तान क्यों चले जाते हो?
क्यों ये सब मुर्दे उठा लाते हो?
भले आदमियों की तरह चुपचाप रहो
बहुत हुज्जत में रहोगे, मारे जाओगे सो अलग
खुद तो जी नहीं सकते इन्हें जिलाते हो?

अब एक नया चरित्र विकसित हो गया है जो बड़ा व्यावहारिक है
जिसमें गुमसुम रहना एक चालाकी है
पलटू नेता है उसका यक़ीन मत करो
अवतार अपनी सम्भावनाएँ ढूँढ़ रहा है
तुम मुर्दा चरित्र मत देखो उसको देखो जिसमें गति है
जो एक ही झटके में प्रभावित करता है
और लगातार कहता है कि बस इन्तज़ार करो
मगर यह नहीं कहता कि किसका
और यह भी नहीं कि उसके लिए कितनी ताक़त की ज़रूरत है
क्योंकि इन्तज़ार भी कोई करने की चीज़ है
जब तक कि दूसरी चीज़ भी सक्रिय न हो

पलटू यह नहीं बताता कि ताक़त को बुद्धि और तजुर्बे से जोड़ दो
और इन्तज़ार उसकी ओर चलते हुए करो जो हमारी ओर आ रहा हो

जिसमें जितनी ताक़त होगी उतना वह हर ज़माने में ज़िन्दा हो लेगा
जनखे हर ज़माने में होते हैं
उभयलिंगी क्यों परेशान हैं वे तो काफ़ी चल रहे हैं
और पवित्रता से कह दो वह छिनाल न बने
वह किस-किस से निपटेगी जब सभी पवित्र बनना चाहते हैं

तुमने बहुत 'चीत्कार' 'चीत्कार' मचा रखी थी
मूल्यों को तोड़नेवाले विश्वास का क्या हुआ?
बलात्कार नहीं होगा तो और क्या होगा?
वह भी तो आख़िर किसी मूल्य को ही तोड़ता है
और हत्या नहीं यह मुक़ाबला है जो हरेक को करना है।

# एक अहम बात

कपड़े की तरह निचोड़े हुए फटकारे हुए वर्तमान को
भविष्य से भिगोती है बूँद-बूँद रिसती हुई काली रात

अभी इस बाग़ीचे का वह हिस्सा भी डूब जाएगा
जिसमें सबसे ज़्यादा पराग होगा कल
सबसे ज़्यादा मीठे फल होंगे
और उनसे भी कोमल और शुद्ध होगी हवा

ख़ुशी कई बार आएगी ऐसे कि जैसे जेब में हो
जब चाहें छू लें, देख लें और ख़र्च कर डालें
मगर बस उतनी देर जितने में तितली
एक फूल पर बैठे और उड़ जाये
पर चाहे जितनी देर को हो ख़ुशी फिर भी एक अहम बात है।

# क्या किसी को फ़ुर्सत है?

क्या किसी को फ़ुर्सत है कि अपने बारे में
और फूलों के बारे में एक साथ जाना जाये
क्या किसी को फ़ुर्सत है?

वे फूल हैं। कई रातों के कालापानी के बाद
सूजी हुई टहनियों की आँखों में वे तरह-तरह के फूल हैं

ज़रूरी नहीं कि हर विकसित दृष्टि फलों तक पहुँचे
फूल भी परिणाम हो सकते हैं

वे स्वयं अपने-अपने परिणाम और अपने-अपने नाम के
फूल हैं
ठीक वैसे ही जैसे तरह-तरह के आदमी होते हैं

बिना यह जाने कि आस-पास एक डरावना जंगल होगा
वे पैदा हो गये हैं उसमें
जो फूलों और फलों का ही परिणाम है

रात-दिन इस जीवन का फल भोगने के लिए
पूरे जंगल में उनका घर अपने-अपने पौधे पर है
हो सकता है इनमें से बहुतों को
शुरू से आख़िर तक फूल ही रहना पड़े
बहुत कुछ बिना जाने वे पैदा हो गये हैं

कभी पेड़ की, कभी पौधे की छोटी-छोटी आँखों से
उन्हें अपने आकार में प्रवेश करना है
सबको टकटकी लगाए घूरते रहना है चाहे बाघ ही क्यों न हो
वे बाघ से नहीं डरते हैं

जबकि आदमी डरता है यहाँ तक कि आदमी से
मगर फूल, फूल से नहीं डरते
फिर भी डरते हैं, मिटनेवाली सभ्यता के छोर पर फूल
अपने चारों ओर उगनेवाली तेज़ और क्रुद्ध और बिगड़ैल हवा से

क्या किसी को फुर्सत है कि अपने बारे में
और फूलों के बारे में एक साथ जाना जाय
क्या किसी को फुर्सत है?

अगर इस क्रुद्ध और बिगड़ैल हवा को
ज़मीन में बो दिया जाता। गाड़ दिया जाता
तो पता होती इसे उगने की तकलीफ़
और जीवन की सारी दिक्कतें

तब जानती यह हवा कि मुरझाने का मतलब
मर जाना नहीं है

इस जंगल में बहुत-से फूल और बहुत-सी कलियाँ हैं
जो देखते ही हमें निर्भय कर देते हैं
जबकि कहीं दूर नहीं
बल्कि जहाँ पर उनका घर है
वहीं पर उनको हवा का डर है

उन्हें छूती है हवा और वे प्राणों का
एक हिस्सा उसे दे देते हैं

उतना वह उन्हें हर बार ले जाती है
एकान्त में
जैसे कोई बाघ अपने शिकार को खेद कर ले जाता है

जबकि बाघ से नहीं डरते हैं फूल
तब भी अपने होने के डर से खिले हुए रहते हैं
फूलों की खुशबू असल में फूलों का डर है

खुशबू निकलती है या उनके प्राण निकलते हैं
या जितने तक उनके प्राण निकलते हैं
उतने तक खुशबू फैल जाती है?

क्या किसी को फुर्सत है कि अपने बारे में
और फूलों के बारे में एक साथ जाना जाय
क्या किसी को फफ़ुर्सत है?